Pequeños EXPERTOS EN ecología

Formas de ahorrar energía

Ahorrar energía

Como ser guardianes del planeta

PowerKiDS press.

Published in 2023 by PowerKids, an Imprint of Rosen Publishing
29 East 21st Street, New York, NY 10010

Cataloging-in-Publication Data
Names: Editorial Sol 90 (Firm).
Title: Formas de ahorrar energía / by the editors at Sol90.
Description: New York : Powerkids Press, 2023. | Series: Pequeños
expertos en ecología.
Identifiers: ISBN 9781725337480 (pbk.) | ISBN 9781725337503 (library
bound) | ISBN 9781725337497 (6pack) | ISBN 9781725337510 (ebook)
Subjects: LCSH: Energy conservation--Juvenile literature.
Classification: LCC TJ163.35 W397 2023 | DDC 333.791'6--dc23

Coordinación: Nuria Cicero
Edición: Alberto Hernández
Edición, español: Diana Osorio
Maquetación: Àngels Rambla
Adaptación de diseño: Raúl Rodriguez, R studio T, NYC
Equipo de obra: Vicente Ponce, Rosa Salvía, Paola Fornasaro
Asesoría científica: Teresa Martínez Barchino

Infografías e imágenes:
www.infographics90.com
Agencias: Getty/Thinkstock, AGE Fotostock, Cordon Press/Corbis, Shut-
terstock.

Manufactured in the United States of America

CPSIA Compliance Information: Batch #CSPK23. For Further Information
contact Rosen Publishing, New York, New York at 1-800-237-9932.

Find us on

CONTENIDO

¿QUÉ ES LA ENERGÍA?

La energía es la capacidad para realizar un trabajo. De seguro ya sabes que nuestro cuerpo necesita energía para funcionar. Por eso, nos alimentamos. Y lo mismo ocurre, por ejemplo, con una bombilla, un vehículo o la computadora.

Los alimentos

Las seres humanos obtenemos la energía de los alimentos que comemos cada día. Gracias a ellos podemos crecer, pensar, correr...

Los combustibles

Se puede producir energía quemando combustibles como la madera, el carbón o el petróleo. La mayoría se obtienen de recursos naturales no renovables.

ACEITE
ACEITE
ACEITE

4

Tipos de energía

Conducir un coche, cocinar alimentos, usar la tableta, encender la luz… Para llevar adelante gran parte de las actividades que hacemos a diario, se utilizan distintos tipos de energía:

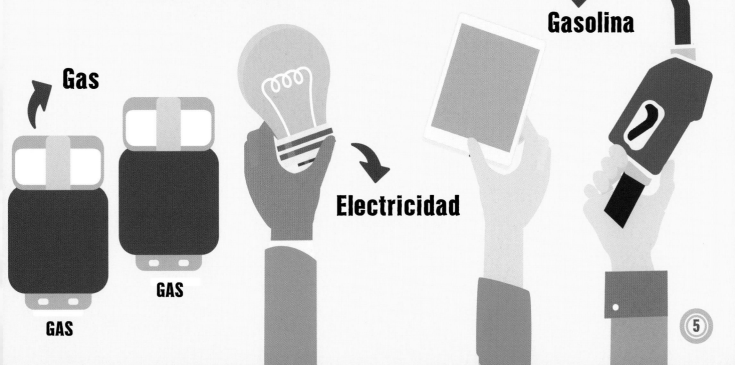

Gas

GAS

GAS

Electricidad

Gasolina

POR QUÉ HAY QUE AHORRAR ENERGÍA

La energía es la que hace funcionar la mayoría de las cosas que nos rodean: el coche, la luz artificial, los electrodomésticos… Hay de distintos tipos. Entérate de por qué no la debemos malgastar.

Porque se puede agotar

La energía se consigue de recursos naturales como el petróleo, el gas natural o el carbón. Estos recursos no son renovables. Por eso, si malgastamos energía estamos agotando recursos que serán necesarios en el futuro.

EL OBJETIVO

Debemos ser eficientes, es decir, buscar cómo se puede consumir menos energía en casa.

Por qué cuesta dinero

La energía no es gratis: cuesta dinero ya que hay que generarla y transportarla para que se pueda consumir en las ciudades o en las fábricas.

Para salvar el medio ambiente

Cuanta menos energía utilicemos, menos contaminaremos al planeta.

LA MAGIA DE LA ELECTRICIDAD

La electricidad es la forma de energía más utilizada ya que permite hacer funcionar todo tipo de aparatos, obtener luz, etc. Se obtiene a partir de otros tipos de energía, como la nuclear, la solar o la hidráulica que se transforman en los generadores.

Circuitos

En las ciudades, las industrias, los transportes y en casa, la corriente eléctrica fluye transformándose en luz, calor, fuerza, movimiento o sonido. El camino que recorre esta corriente es lo que llamamos circuito.

3 Luz

Un dispositivo transforma la energía eléctrica en luz y calor.

2 Conductores

Los cables están hechos de material que conduce la electricidad, como el cobre.

1 Pila

Genera electricidad a partir de reacciones químicas. La corriente fluye del polo positivo al negativo.

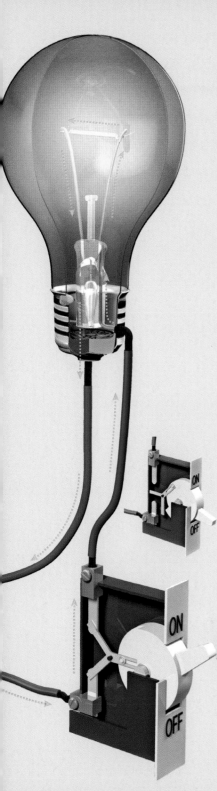

Cómo funcionan

Todos los circuitos tienen un generador de electricidad que puede ser una central eléctrica, una batería o una pila, por ejemplo. El generador está unido a un dispositivo receptor – lámpara, lavadora…– por unos cables conductores por donde fluye la electricidad.

4 Interruptor

Permite interrumpir el flujo de corriente en un circuito. Al hacerlo, se apaga la luz.

¡QUÉ DERROCHE!

Hoy en día, el consumo de energía (coches, luces, electrodomésticos, etc.) es tan alto que, además de contaminar, no cuidamos los recursos naturales. Fíjate cómo se gasta la energía y en qué porcentaje.

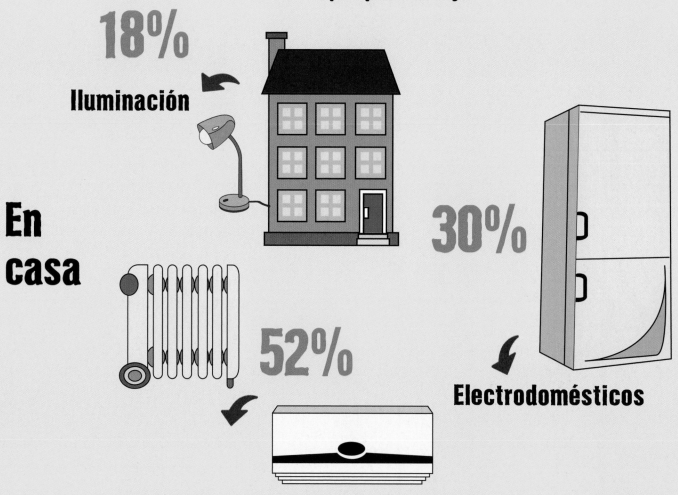

En casa

18%

Iluminación

30%

Electrodomésticos

52%

Calefacción o aire acondicionado

En la ciudad

9%

Servicios para el ciudadano

3%

Industria

40%

Transportes

4%

En el campo

¿QUÉ ES LA ENERGÍA RENOVABLE?

Energía hidráulica

Las centrales hidroeléctricas aprovechan la fuerza del agua de los ríos para mover unas turbinas que generan electricidad.

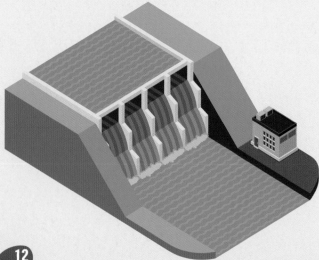

Energía solar

El calor que desprende el sol se conoce como energía solar. Se canaliza a través de unos paneles que transforman el calor en energía eléctrica.

Podemos distinguir entre energías renovables y no renovables. Las renovables son la solar, la hidráulica y la eólica. No se agotan, ya que provienen de recursos naturales, y son limpias porque no contaminan el medio ambiente.

Energía eólica

La acción del viento también produce energía al mover enormes molinos. El viento mueve unos generadores que producen electricidad.

Otros tipos

Existen otros tipos de energía renovables. Como por ejemplo, la biomasa, que se obtiene al utilizar restos orgánicos como combustible.

¿QUÉ ES LA ENERGÍA NO RENOVABLE?

Petróleo

Es un líquido oleoso que se extrae de pozos subterráneos. De él se extraen los combustibles más utilizados, como la gasolina

Gas natural

Es una mezcla de hidrocarburos en estado gaseoso que se extrae de yacimientos subterráneos, como el petróleo y se transporta en gigantescas tuberías.

Proceden de recursos naturales llamados
combustibles fósiles (carbón, gas, petróleo)
que tardan mucho tiempo en regenerarse.
La nuclear es otro tipo de energía no renovable.

Nuclear

Se obtiene a partir de los átomos
de dos elementos, el uranio y
el plutonio, que liberan gran
energía al desintegrarse. Es
la energía más contaminante.

Carbón

Es un mineral de origen orgánico
que se extrae de minas bajo
tierra. Cuando se quema genera
mucha energía calórica.

¿QUÉ ENERGÍAS CONSUMIMOS?

El petróleo es el combustible más usado del planeta (32.9%). ¿El problema? No quedan suficientes reservas y a largo plazo se agotará.

El carbón movía las máquinas de vapor en los inicios de la revolución industrial. Aún hoy el 29.2% de la energía del mundo depende de él.

Aunque los combustibles fósiles son recursos naturales no renovables y contaminantes, también son las energías que más se consumen en el mundo.

Las energías limpias renovables apenas representan el 11.2% del consumo, aunque van ganando terreno.

A pesar de ser la más eficiente, la energía nuclear sólo cubre el 4.4% del consumo.

El gas natural es el tercer combustible fósil en cuanto a producción de energía: 23.8%. Sin embargo, quedan pocas reservas.

LA ENERGÍA NUCLEAR

Uno de los métodos más eficientes para obtener energía eléctrica es mediante el aprovechamiento de una reacción nuclear controlada. El problema de esta tecnología es que crea residuos muy peligrosos para las personas y el medio ambiente.

Generación de energía

En las centrales nucleares se obtiene vapor a muy alta temperatura que hace funcionar una turbina y, seguidamente, un generador eléctrico. Las altas temperaturas se logran con la energía nuclear que produce el reactor.

1 Grúa móvil

Mueve el mecanismo que reabastece al reactor de combustible nuclear.

Planta nuclear

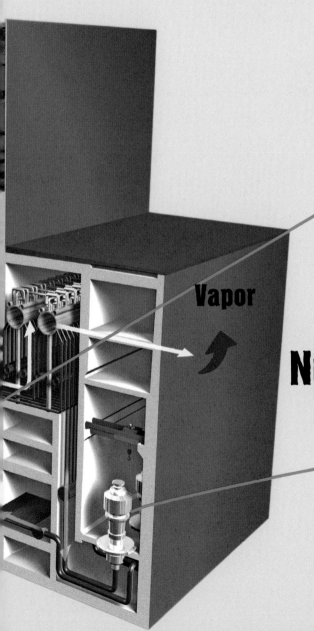

2 Reactor

Contiene el combustible radiactivo y es donde se produce la reacción nuclear.

Vapor

Nuclear power plant

3 Bomba

Hace que circulen los fluidos por las cañerías del sistema.

APROVECHAR LOS DESECHOS

Cuando las bacterias descomponen la materia orgánica durante los procesos de putrefacción y fermentación, liberan biogás. Este gas combustible puede ser utilizado para producir electricidad y calor.

Desechos orgánicos

Se introducen en un reactor que hay dentro de la planta de biogás mezclados con agua.

Biogás

Contiene metano y dióxido de carbono. Se utiliza para cocinar, calentar hogares y producir electricidad, entre otras muchas cosas.

Electricidad

Planta de biogás

Gas para hogares y vehículos

Reactor

Es una cámara cerrada como la que se ve en la ilustración de aquí abajo, en la que las bacterias descomponen los desechos orgánicos que llegan de la ciudad o del campo.

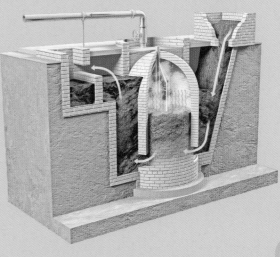

CÓMO LLEGA LA ENERGÍA A CASA

La energía se suministra a los hogares desde el exterior a través de diferentes canales. Si a una casa no llega corriente eléctrica, seguro que no funciona casi nada.

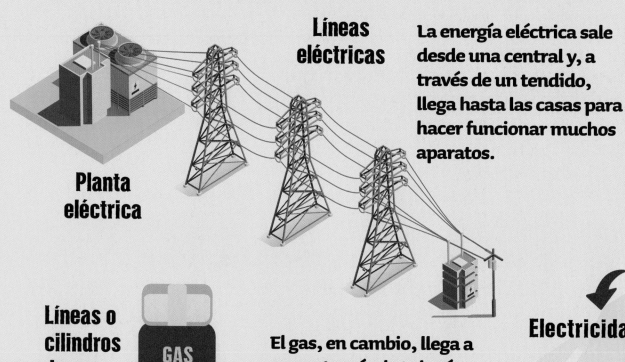

Líneas eléctricas

La energía eléctrica sale desde una central y, a través de un tendido, llega hasta las casas para hacer funcionar muchos aparatos.

Planta eléctrica

Electricidad

Líneas o cilindros de gas

GAS

El gas, en cambio, llega a casa a través de tuberías o bombonas, y se suele utilizar para cocinar y tener agua caliente.

Paneles solares

Hoy en día, muchos de los edificios nuevos que se construyen incorporan paneles solares en los terrados. La energía del sol se transforma en electricidad y los vecinos se benefician.

¿QUÉ APARATOS GASTAN MÁS ENERGÍA EN CASA?

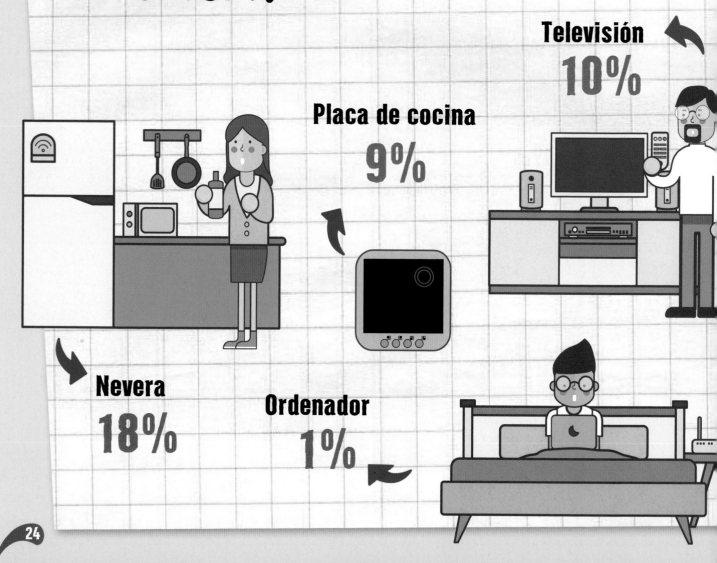

Televisión
10%

Placa de cocina
9%

Nevera
18%

Ordenador
1%

¿Sabías que los electrodomésticos grandes y pequeños que usamos a diario consumen hasta el 30% de la energía que llega a casa?

50 a 70%
Calefacción o aire acondicionado

Los aparatos que generan calor o frío, como la calefacción y el aire acondicionado, son los que más energía consumen.

Lavaplatos
2%

Lavadora
8%

La iluminación de la casa es una parte impotante de la energía que se consume.

CUESTIÓN DE VATIOS

La potencia y, por tanto, la energía que consumen los electrodomésticos se mide en vatios. De esta manera podemos conocer el gasto energético de cada aparato.

Calcular el consumo

Para saber lo que consume cada aparato, sólo hay que multiplicar su potencia en vatios por el número de horas que está funcionando.

Secador de pelo

2000 W

Televisión

2000 W

150 W

Aire acondicionado

20 W

Minicadena

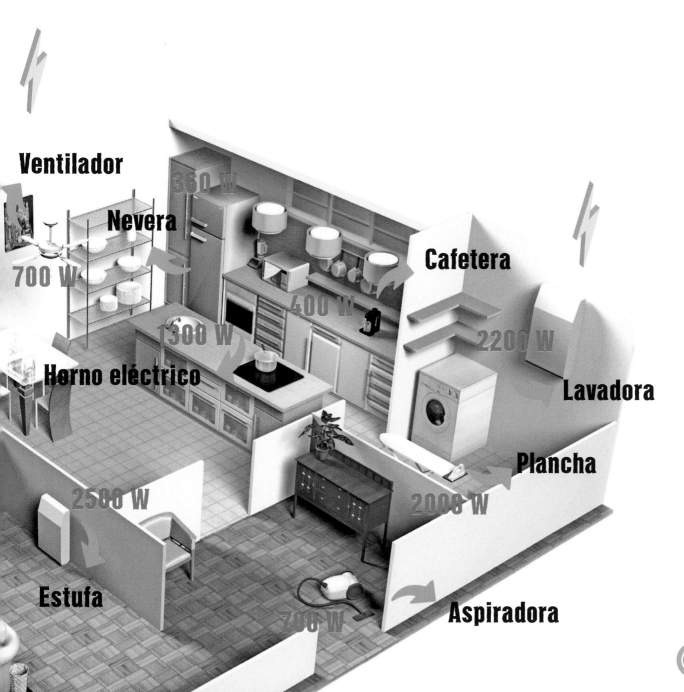

Ventilador

Nevera

360 W

700 W

Cafetera

400 W

1300 W

2200 W

Horno eléctrico

Lavadora

Plancha

2500 W

2000 W

Estufa

700 W

Aspiradora

27

¿QUÉ PUEDES HACER TÚ?

Para mantener el medio ambiente sano y cuidar el planeta debemos usar solo la energía necesaria. Te explicamos 5 TRUCOS para ahorrar energía en casa.

1 Apaga la luz siempre

Asegúrate de apagar las luces cuando no las necesites. Además utiliza bombillas de bajo consumo. Dan la misma luz y gastan menos electricidad.

2 Puerta bien cerrada

El refrigerador es un electrodoméstico que consume mucha electricidad: ábrelo sólo cuando sea necesario y procura no guardar alimentos calientes.

3 Lavaplatos y lavadora llenos

Llena siempre estos electrodomésticos. Así, el consumo de electricidad y agua es más eficiente.

4 Apaga con el interruptor

Apaga la TV, el PC
y los viedeojuegos cuando no
los utilices. Desconéctalos
totalmente con el interruptor y no
dejes el piloto encendido durante
la noche, ya que consume energía.

5 Contra el calor

Mantén las ventanas y persianas
cerradas durante el día para evitar
que el calor entre en casa. Si tienes
aparatos de aire acondicionado o
calefacción, cierra las puertas de
las zonas de la casa que no se utilizan.

BUENOS HÁBITOS PARA AHORRAR

Al acostarse

Si hace calor, usa cortinas o persianas para tapar el sol. Así en la noche tu cuarto estará fresco y no hace falta el ventilador.

En la ducha

Cierra el agua cuando te enjabones. Además de ahorrar agua, ahorras la energía que la calie

A lo largo del día hacemos muchas cosas que representan un gasto inncesario de energía. A continuación, te explicamos algunos trucos para ahorrar.

En la sala de estar

Desconecta los cargadores de los aparatos, móviles, portátiles, vídeo consolas, cuando las baterías estén cargadas. Las luces de los pilotos consumen energía.

En la cocina

Para calentar un vaso de leche o comida que ya está hecha, usa el microondas en vez de la cocina: gastarás menos energía.

CUANDO ESTAMOS FUERA DE CASA

Caminando o en bicicleta

Si tienes la posibilidad y no hay mucha distancia, prueba a ir a la escuela dando un paseo o en bicicleta.

En coche no

Los coches consumen gasolina y contaminan. Recomiéndale a tus padres que solo lo usen si ocupan todos los asientos.

Podemos contribuir al ahorro de energía y a la menor contaminación siguiendo algunos consejos.

Utiliza el transporte público

Más gente en el transporte público significa que hay menos gente usando su coche, menos humo y más ahorro de gasolina.

¿SABÍAS QUE?

Los coches eléctricos funcionan con una batería recargable y contaminan menos que los motores de gasolina.

ATESORAR CALOR

Este experimento te permitirá entender cómo funciona el aislamiento térmico de una casa; por qué, con solo echar las cortinas, por ejemplo, conservamos mejor el calor en invierno o el fresco en verano.

NECESITARÁS:
- lápiz y etiquetas
- 4 frascos
- papel de diario
- ligas
- camiseta de algodón vieja
- toalla
- caja grande
- termómetro

PASO A PASO:
las explicaciones
en la página siguiente.

PASO UNO

Envuelve uno de los frascos con papel de diario y sujétalo con las ligas.

PASO DOS

Repite la operación con un segundo frasco, usando la camiseta y la toalla para el tercero.

PASO CUATRO

Etiqueta un cuarto con la letra D y déjalo en el interior de la caja. Rellena los espacio vacíos con papel.

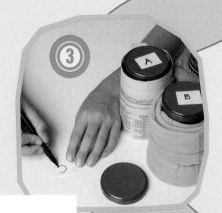

PASO TRES

Etiqueta cada uno de los frascos con las letras A, B y C.

PASO CINCO

Llena los frascos con agua hirviendo y ciérralos. Deja el frasco "D", vacío.

PASO SEIS

Tras media hora, mide la temperatura ambiente y compárala con la que tiene cada frasco.

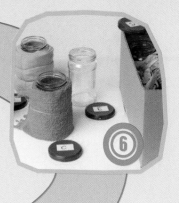

PASO SIETE

Registra cuánto tiempo tardó cada uno hasta alcanzar la temperatura ambiente. Repite el experimento usando agua helada. Compara los resultados.

Conclusión

El frasco que más tiempo conservó el agua caliente era el que estaba mejor aislado. Así se evita que el calor se escape porque se crea una capa de aire entre el exterior y el calor del interior.